Alladoum Didjenban
Kem-Allahte Mobaye

Maux en vers

Alladoum Didjenban
Kem-Allahte Mobaye

Maux en vers

Éditions Muse

Cover image: www.ingimage.com

Publisher:
Éditions Muse
is a trademark of
Dodo Books Indian Ocean Ltd., member of the OmniScriptum S.R.L Publishing group
str. A.Russo 15, of. 61, Chisinau-2068, Republic of Moldova Europe
Printed at: see last page
ISBN: 978-620-3-86525-7

Maux en vers…

A

Tous

Ceux qui croient en nous

Qui croient en la renaissance par des mots

Nos ami(e)s

Nos familles respectives

« Ne revendiquons pas des bons gouvernants.
Revendiquons la bonne gouvernance ».

Alladoum Didjenban

Préface

Au terme de ma première lecture de ce nouveau bébé littéraire « *Maux en vers* » ou « *Opuscule de deux âmes* » de deux humanistes Alladoum DIDJENBAN et Kem-allahte MOBAYE SEVERIN, je ne peux m'empêcher de partager les mêmes émotions poétiques. Parce que qui dit poésie dit l'« expression de l'âme ». La poésie traduit la situation de l'Homme en société, sa situation concrète. Ce tremplin par lequel à travers les procédés stylistiques que les poètes traduisent et véhiculent leur perception du monde. Les poètes confirment sa pertinence, son importance et son actualité. Ils auraient voulu proposer aux lecteurs d'abord un texte coécrit et riche d'être épluché pour en sucer la substantifique moelle. Un univers merveilleux sur lequel ils ont adossé leur rébellion et cri poétique. L'écriture de ces deux co-auteurs bien sûr Alladoum DIDJENBAN et Kem-allahte MOBAYE SEVERIN est homogène, c'est-à-dire composé de même style simple, aisé et qui pouvait être pigé par tous les papivores et d'un point de vue identique. À côté de l'écriture en vers libre s'est imposée de plus en plus la capacité de réfléchir sur les messages qu'ils transmettaient. L'expression d'un malaise qui se juge par la conduite sociétale anticonformiste de leur génie autrement dit qui s'éloigne de ce qui est habituellement mal établi.

J'ai constaté que les poètes nous montrent dans leur bébé littéraire que le temps, il est, le temps impondérable, impassible, immuable, insupportable, invisible et même à quelques égards impitoyable, troublant, déroutant...

Après tout, tout est poésie dans la vie. Le verbe, le geste, le silence, le cri de l'intérieur, la présence, l'absence, le temps ... Tout est POÉSIE. Tout est frénésie ! Ce mot de six lettres est le seul qui définit incontestablement le mieux cette dame à la beauté capricieuse et délicieusement envoûtante : POÉSIE, leur âme-sœur. Le poète chante l'amour, l'amour que porte à sa bien-aimée. Même si dans la souffrance elle l'inspire et ne cesse plus de chanter, de jeter des belles fleurs qui pour lui, sont à nos yeux des fleurs d'amour encore et toujours. Un poème d'amour est le plus beau cadeau qu'un poète peut offrir à une personne qu'il aime :

(...)

Oh ma sublime dulcinée !

De ton amour,

Je renais

Je me fortifie

Je m'inspire

(...)

Ô le temps ! Dans ce cheminement de douleur sournoise, soit vous laisse au bord du chemin, soit vous conduit au mauvais ou à bon port ; le *« Maux en vers »* vous amène à une destination où ni l'avenir, ni le devenir n'avaient donné la moindre idée à un voyage conscient ou inconscient. Leur petite main qui au départ griffonnait quelques bouts de vers sur un bout de papier avait aujourd'hui réalisé par curiosité, par idéal sa mission d'art. On est tenté de croire que l'âme de ces poètes s'est identifiée à la réalité virtuelle qui s'est créée sur leur écran mental. C'est à la fois une grande estime de soi un sens du goût particulier. C'est une réalité extra orbitale qui fait d'eux des véritables électrons libres, des satellites. Et se proclament porte-parole des sans-voix.

Cet opuscule *« Maux en vers »* jette un regard sur la vie de celui ou celle qui quitte involontairement son pays de cordon ombilical à cause des maux injustes qui vicient son pays d'origine — qui trimbale d'utopie en utopie — sur la terre qui ne l'appartient pas et s'engouffre dans la souffrance immonde que nous connaissons tous en immigration ou dans son propre pays natal. Ils dénoncent toute l'injustice qui gangrène leur pays. Il s'agit là des paroles aux accents lapidaires et émouvants qui, même de nos jours, devraient broyer la mentalité futile de l'homme égoïste, tyran voire inhumaniste en un seul mot... Il évoque également tous les désespoirs que l'humanité a subis : l'injustice gratuite, l'exploitation, le chômage actuelle au sein de notre société, le racisme, l'hypocrisie, l'ethnocentrisme, la haine viscérale, la famine, la division, un pays où la loi et la foi qui n'ont ni loi ni foi et bien d'autres. Sachons que l'Homme est le centre de toute chose dans un monde régi par un ordre et désordre, c'est-à-dire il est acteur et victime dans la société où il vit. Il faut que l'homme soit la tête pensante de la société, à l'État qu'il appartient d'assurer la sécurité et non la haine, de tisser l'Amour, le Patriotisme, la Raison, la Citoyenneté et non la guerre, d'aller vers les autres et non se replier sur soi-même, et caetera. Cette littérature de voyage lance aussi un appel à la paix et l'unité :

Tchadiens, tchadiennes

Du Nord au Sud

De l'Est à l'Ouest

Cultivons la paix

(...)

La paix dans nos cœurs,

La paix dans nos pains,

La paix dans notre pays,

La paix pour tous

Vive la paix, vive l'unité !

Il s'agit de quelle paix et unité ? Pour que le peuple tchadien se plonge dans l'océan de la paix et l'unité, il faut que la justice soit équitable. Il faut que chacun soit à la compréhension et au respect de la pratique de nos divergences culturelles. Travailler chacun dans son domaine respectif pour la matérialisation d'un même rêve ou commun.

Poétiquement parlant, dans les poèmes "*Dans mon pays*", "*Le chômage*" et "*Sur le chemin de la réussite*" dégagent tout le malheur et souffrance que le peuple ou la jeunesse subit. Cette jeunesse qui réclame son droit. Mais les responsables s'en foutaient complètement de leur situation. Mais passons à l'action maintenant pour notre avenir, pour que cette vie comme un théâtre de spectacle désolant ne soit pas de mauvais souvenir. Notre humanité, mieux vaut passer son temps à la reconstruire plutôt qu'observer les autres la détruire. Des années de souffrance on a perdu toutes nos chances. Il nous reste plus de place même le pays est sous menace, raison pour laquelle les jeunes aillent chercher une autre vie *meilleure-risquée* dans un autre monde. Parce qu'après l'indépendance, c'est tout ce qu'on a pu mettre en place : dictature, meurtres, l'émigration forcée, être réfugier dans son pays, l'exil forcé, l'injustice, l'incivilité des actes barbares orchestrés par des gens de mauvaise foi sur nos terres —, ils nous menacent. Et aucune fleur de l'âge n'encourage ces bêtises, tout le jeune a besoin de vivre *Une vie de boy*, mais pas une vie de *Vieux nègre et la médaille*, ni une vie *d'aventure ambiguë*.

Je pense que la France a décidé de faire le Tchad son paradis terrestre et de faire le même Tchad un enfer sur terre pour l'homme tchadien. C'est pour cela que les poètes tchadiens s'ouvrent au combat. Car la conscience du poète tchadien est le bâtisseur d'empire, enlèvera le poison d'aliénation, extirpera le poison et restera le colosse, le bâtisseur d'empire qui va se réveiller et qui va bouleverser la terre ; ensuite rappellera à son peuple pour qu'il prenne son envol tel l'oiseau de Minerve qui se déploie dans les espaces pour jouir de sa liberté.

Qu'à cela ne tienne, il faut que nos dirigeants s'intéressent aussi aux messages humanistes des poètes qui sont au service de la Nation, et ensemble il n'est plus difficile de tisser le tissu déchiré afin que nous construisions notre citadelle.

Chers poètes et poétesses, même lorsque tout semble perdu, tout est encore possible. Il n’y a d’impossibilité que lorsqu’on est dans l’incapacité d’agir. Tant que l’action est encore possible, tant qu’il y a la vie, il faut toujours essayer d’atteindre sa cible ou son objectif.

Faites aussi votre voyage dans cet univers *(« Maux en vers »)* poétique de *joie-chagrinée de* Alladoum DIDJENBAN et Kem-allahte MOBAYE SEVERIN.

À lire et relire !

Douce-Brazzaville, 26 juin 2022

NASSIR Ali Abbassia

Littéraire, écrivain-poète-romancier,

conteur, critique littéraire.

1- Dans tes yeux

Dans tes yeux,

Je m'oublie,

Je me laisse aller,

Car ta beauté est immense.

Dans tes yeux,

Je me laisse téléguider

Je me sens en sécurité

Car la bonté de ton cœur est inestimable.

Dans tes yeux,

Je me confie

Je me sens libre

Car ton amitié est sincère.

Oh ma sublime dulcinée !

De ton amour,

Je renais

Je me fortifie

Je m'inspire

Oh ma tendre silhouette,

Je veux t'emporter loin d'ici

Là où l'amour existe véritablement

Là où la joie n'est pas un manquement

2- Je ne veux pas mourir !

Dites à mes dirigeants
Que je ne suis pas prêt
Que je ne veux pas encore mourir
Que je suis encore jeune

Dites à mes dirigeants
Qu'en traversant la méditerranée,
Je me vends à la mort
Ma vie est en danger
Que la mort me guète

Dites à mes dirigeants
Que le bonheur ne se trouve nulle part ailleurs qu'auprès des siens
Que là-bas, je ne suis qu'un moins que rien

Dites à mes dirigeants
Que je ne veux pas aller en immigration
Que je veux rester chez moi
Qu'ils arrêtent de me pousser à aller loin de chez moi
Qu'ils me créent une condition favorable
Afin que je puisse oublier l'Eldorado d'autre côté

Dites à mes dirigeants
Que je veux rester chez moi
Que j'aime le chez moi
Qu'en traversant la mer à la recherche du bonheur
Ma vie est en grand danger
Et que c'est eux l'origine
Qu'ils changent !

Soa/Yaoundé, le 14/11/2020

3- Ma prière

Je suis un poète qui prie
Oh Dieu de la poésie,
Je t'implore
Jette un regard sur mon terroir
Que les verbes de ma plume touchent
Le cœur des maîtres inconscients
Le cœur des dirigeants assassins
Le cœur des rois iblis [i1]
Et les appelle au changement

Je suis un poète qui prie
Oh Dieu de la poésie,
Que les mots de ma plume soient
Un conseil
Un credo de paix, d'égalité, de justice,...

[1] Diable en arabe

Un guide de conduite

À mes dirigeants

Je suis un poète qui prie

Oh Dieu de la poésie,

Je t'implore

Dans ce monde où l'injustice bat son plein

Dans ce monde où l'humanité tant à disparaître

Dans ce monde où la bestialité est monnaie courante

Dans ce monde où l'homosexualité est la nouvelle loi

Je suis un poète qui prie

Oh Dieu de la poésie,

Je t'invoque !

Je te prie !

4- Sur le chemin de la réussite

Tout un calvaire, sur ce chemin

Toute une souffrance, sur ce chemin

Toute une histoire, sur ce chemin

J'ai mal

Je rencontre toute sorte de maux, sur ce chemin

Mon cœur lacéré pleure

Je ne mérite pas ça, mon pays !

Où est passée la libre circulation dans la zone CEMAC ?

Où sont passés les accords ?

Mon Gouvernement, dit quelque chose !

Mon Gouvernement, ne me laisse pas ainsi !

Mon Gouvernement, ne laisse pas les autres me traiter tel un vulgaire apatride !

Mon Gouvernement, à qui la faute ?

Je souffre à cause de ta mauvaise gouvernance

À cause de toi, je suis traité comme un apatride

À cause de toi, les autres me manquent de respect

À cause de toi, je ne peux traverser la frontière

À cause de toi, je fuis mon pays en prenant tous les risques possibles pour m'instruire

Oh mon Gouvernement, qui es-tu ?

Complice de mon malheur ?

Ne vois-tu pas que j'ai l'amour d'étudier ?

Ne vois-tu pas que je suis amoureux du savoir ?

À cause de toi,

Je suis arrêté en pleine frontière

Sous les intempéries de la nature

Faisant face aux hommes armés jusqu'aux dents

Tentant de les persuader que je suis à la recherche du savoir

Mais sans succès

Car enfin de compte, tu es mon malheur

Me voir progresser dans les études est ton pis cauchemar

Mon Gouvernement, offre-moi des opportunités

Offre-moi des Universités

Offre-moi la clé de la réussite

Mon Gouvernement,

Sur ce chemin, c'est tout un calvaire

Sur ce chemin, c'est toute une souffrance

Sur ce chemin, c'est toute une histoire

Soa/Yaoundé, le 14/11/2020

5- Dans les tourbillons de ma démo qui tue

Dans les tourbillons de ma démo qui tue,

Le silence nous guide telles les plèbes du Cambodge

Aux pas de Ngaro[2] dans "Les enfants des paysans réussissent aussi",

Notre malheur est l'émanation d'une société saugrenue

Où, seul "Les larmes des opprimés" de Djimasdé[3] peut nous consoler

Symptôme d'atonie ?

Mon peuple a des aspirations tout comme les aspirations de Franck Olley[4]

Il aspire à l'idéal des pays

Où l'éducation et la santé n'ont pas de prix

Où la Justice n'est pas au service d'un groupuscule

---

[2] Héros du livre de Nedoum-Allahel Richard, "Les enfants des paysans réussissent aussi"

[3] Poète tchadien, auteur de "Les larmes des opprimés"

[4] Poète tchadien

Où la liberté d'expression est une réalité

Où la jeunesse est le fer de lance

Où l'emploi se donne par mérite

Où la corruption est un péché

Où le détournement est un crime

Où……

Ses aspirations sont justes grandes !

Faites-nous rêver !

6- Je suis un poète déchainé

Je suis ce poète déchainé
Qui crie la liberté
Dans cette démocratie qui tue sans cesse
Dans cette démocratie qui emprisonne sans cesse
Dans cette démocratie qui marginalise sans cesse

Je suis ce poète déchainé
Qui crie stop
Dans cette démocratie qui vole sans regret
Dans cette démocratie qui viole sans regret
Dans cette démocratie qui corrompt sans regret

Je suis ce poète déchainé
Qui a le mal au cœur
Dans cette démocratie où la famille présidentielle est la Loi

Dans cette démocratie où la question de mérite est un désarroi

Dans cette démocratie où le malheur de la population est pour les Dirigeants une joie

Je suis ce poète déchainé

Qui rêve d'une vraie renaissance

Qui rêve d'une vraie démocratie

Qui rêve d'une vraie liberté !

7- J'aime lire

J'aime lire
Voyager à travers les livres
Découvrir la liberté de chez les autres
Découvrir la démocratie sous toutes ses formes
Découvrir ce qu'est la bonne gouvernance

J'aime lire
Pour me délivrer
Car la lecture délivre
Dans cet univers ivre
De mal et d'injustice

J'aime lire
Pour dire
A mes dirigeants que là-bas
L'humanité a une place

L'Homme est respecté

La dictature est un cauchemar

J'aime lire

Pour me sentir libre

Pour donner un sens à ma vie

Pour transformer la mentalité de mes Chefs qui se veulent des Chefs à vie !

8- Sainte Marie

O Sainte Marie !

Mère de pureté et de chasteté

Je viens m'agenouiller à tes pieds

Implorer ton secours

Car mon terroir va mal

Tous les jours, que des sangs

Que des grincements de dents

Que des guerres gratuites

O douce mère de Jésus !

Que le sang de ton fils versé sur la croix

Purifie nos âmes inhumaines

Transforme nos cœurs hideux

Change nos mentalités intransigeantes

O la Vierge Marie !

Par ma plume,

Toi qui aime la pureté,

Je te prie pour ma cité

Pour que règne l’égalité

Pour que règne l’équité

Pour que disparaisse la méchanceté !

9- J’aime le Tchad

J’aime le Tchad
Non pas celui qui divise
Non pas celui qui énerve
Non pas celui qui est haineux
Non pas celui qui est fiévreux

J’aime le Tchad
Non pas celui qui insulte
Non pas celui qui dit je suis Kirdi
Non pas celui qui dit je suis Sudiste
Non pas celui qui dit je suis Nordiste
Non pas celui qui dit je suis esclave

J’aime le Tchad
Non pas celui qui dit je suis Adoum
Non pas celui qui dit je suis Alladoum

Non pas celui qui dit je suis Samira
Non pas celui qui dit je suis Assoumta
Non pas celui qui dit je suis de telle région
Non pas celui qui dit je suis de telle religion

J'aime le Tchad
Qui dit je suis Tchadien
Qui dit je suis Tchadienne
Qui dit je suis un frère
Qui dit je suis une sœur

J'aime le Tchad
Qui dit je suis du Tchad
Qui dit je suis croyant
Qui dit je suis la famille
Qui dit je ne suis pas esclave

J'aime le Tchad

Qui dit non à la division

Qui dit non à la trahison

Qui dit non à la haine

Qui dit non à la politique malsaine

Qui dit non à l'existence de barrière

J'aime le Tchad

Qui connait la valeur du pardon

Qui connait l'amour du prochain

Qui connait le sens de l'amitié

Qui connait le sens de la fraternité

Qui connait la valeur d'une vie humaine

Qui connait la valeur de vivre-ensemble

J'aime ce Tchad

J'aime le vrai Tchad !

10- Je suis un avatar

Oui, je le suis

Je suis un avatar

Cet avatar qui perturbe le sommeil des Démon qui tuent *(Démocrates)*

Cet avatar qui fait peur aux rois iblis par ses mots sans pitié

Cet avatar qui est le cauchemar des dirigeants à cœur de Lucifer

Cet avatar qui ne mâche pas ses mots face à l'injustice

Oui, je le suis

Je suis un avatar

Cet avatar qui prône sans cesse la Justice

Cet avatar qui prône sans cesse la Cohabitation

Cet avatar qui prône sans cesse la Conscience

Cet avatar qui prône sans cesse la Paix

Oui, je le suis

Je suis un avatar

Cet avatar qui est la voix des sans voix

Cet avatar qui n'a que des mots pour l'arme

Cet avatar qui ne supporte pas de voir des innocents en larmes

Oui, je le suis

Je suis un avatar

Qui veut supprimer la barrière de religion

Qui veut supprimer la barrière de région

Qui veut supprimer la barrière d'ethnie

Qui veut supprimer la frontière

Oui, je le suis

Je suis un avatar !

11- FEMME TCHADIENNE

Femme tchadienne

Femme de couleur noire

Femme du pays de Toumai

Femme aux yeux brillants

Femme courageuse, brave

Illustre guide dotée d'une intelligence émotionnelle d'une beauté inédite

Tu incarnes l'humanité

J'ai grandi à ton ombre, la douceur de tes mains bandit mes yeux

Et voilà ton amour me foudroie en plein cœur

O femme tchadienne !

Tu es celle qui me donne des ailles

Tous les jours ton regard, ta voix, ton amour, ton sourire illumine mon chemin d'espoir

Tu es le flambeau de la liberté

Tes pleurs sont des cris qui affublent ton sourire amplifié

O femme tchadienne !

Beauté divine

Beauté fatale

Beauté ultime

Beauté naturelle

Dans le chatoiement de tes yeux, tu as su placer ton orgueil de côté afin de te libérer de tes torts et de vivre l'âme en paix

Dans le cliché de ta vision, je lis le rêve de tes enfants du Tchad !

12- LE CHÔMAGE

Au petit matin avec son ''cocorico'' puissant et strident

Le coq se met à chanter dès qu'il aperçoit les premiers rayons du soleil, je me réveille !

Me lever le matin

Prendre un bon bain

Prendre un déjeuner

Prendre le taxi

Aller au travail

C'était ma vie !

Me lever le matin

Prendre un café

Regarder passer les taxis

M'assoir sous un Nimier

Jouer aux cartes

Jouer aux scrabbles

Lire les journaux

Chercher à quoi survivre dans l'espoir d'un miracle

Ma vie se volatilise

Depuis que je suis au chômage, je ne pense qu'à retravailler

Ma vie s'opacifie

Je veux sortir du chômage !

13- DANS MON PAYS

Dans mon pays,

Depuis des décennies

Une seule ethnie monopolise le pouvoir

S'impose démocratiquement et le pouvoir ne change pas de main

Dans mon pays, le sous-sol est vivement riche
Nous avons le pétrole, l'or, mais le pays n'a pas changé de face

Dans mon pays,

Les droits fondamentaux sont bafoués,

Les journalistes incarcérés, assassinés

Les activistes emprisonnés, les voix des sans voix tués

Dans mon pays,

Les diplômés sont au chômage

La corruption prend de l'ampleur et les illettrés remplissent la fonction publique

Dans mon pays,

L'école vit une situation de crise profonde

Les enseignants ne sont pas bien traités

La population vit dans l'impasse d'insécurité de jour au jour

Les maladies contagieuses s'étalent sur la toile, mais les dirigeants vont cuir

Dans mon pays,

Nul n'est au-dessus de la loi

Mais certaines se prennent pour des rois

Dans mon pays,

On a toujours les mêmes assassins en liberté

Les mêmes voleurs sortent de la prison ou croupissent les Hommes innocents

Dans mon pays,

La haine

Le tribalisme

L'ethnocentrisme

Sont de fer de lance pour une minorité de personnes

Dans mon pays,

Le gouvernement veut une jeunesse qui ose

Mais les jeunes sont écartés de la Magistrature Suprême

Dans mon pays,

Beaucoup reste à faire !

14- A MA BIEN AIMÉE

Tout a commencé quand nos
Regards se sont croisés,
Tu as renversé mon cœur
Tu l'as fait chavirer
Un bon vent d'amour m'a fait
Perdre la tête

O ma bien aimée !
À l'aube de mon bonheur
Il y a ton sourire débordant,
Plein de chaleur débordant,
Plein de soupirs,
Plein d'amour
Notre amour grandit de jour en jour

O ma bien aimée !

Dans tes bras, je pars m'envoler
Dans un monde sucré
Chaque bisou stimule mon amour
Chaque regard fait fondre mon cœur
Je me laisse doucement envahir par ta chaleur
Je me laisse bercer par tes bras, si doux, si fort
Par ta tendresse, tes mots
Tes baisers me font fondre à chaque instant

O ma bien aimée !
Avec amour, je t'écris ces quelques mots
Reçois ce message comme une gerbe de fleurs !

15- LA FORCE DE MES MOTS

Mes mots sont authentiques

Comme l'amour est véridique

Mes mots ont une force,

Ils sont comme une puissance forte

Qui font trembler les plus forts

Mes mots sont des armes

Des armes pour les cœurs mélodieux

Des armes qui sauront les faire danser jusqu'à un adieu

Mes mots expriment la douleur

La crainte

L'action

Les mouvements

Les joies

La peur

Les peines de cœurs

Les bonheurs et l'amour avec grand bond

Mes mots appellent à la paix de l'âme

Chantent de l'amour

La conciliation et du pardon

Mes mots sont les mots de

Sobdibé Kemaye Guissere

Tao Toukmi Emmanuel

Honoré Djimasdé

Abel Maina

Zenab Orti

Dr Lalaye

La force de mes mots donne sens à la vie et à la réalité !

16- Je suis un enfant adopté

(Cris des enfants adoptés)

Je suis né dans une famille sans y grandir

J'ai été accueilli et élevé par une autre

Je vis toujours un amour oblique

Je vis une vie généralement retranchée dans un silence hanté

Oui je suis un enfant adopté !

De l'enfance à la vieillesse

Ma vie est toujours parsemée de plaies

Mon cœur angoissé et plein d'amertumes

Mon visage est tout le jour triste

La misère et la fatalité sont pour moi mon unique horizon

Oui, je suis un enfant adopté !

Un enfant lapidé dans sa famille biologique

Un enfant pillé dans sa famille d'accueil

Un enfant qui n'a pas de considération

Un enfant qui vit la souffrance de jour au jour !

17- KOUMOGO MON VILLAGE

Situé au sud du Tchad,

Proche de la ville de Sarh

Koumogo est mon village

Il y fait bon à vivre

Remplit des arbres

Avec un paysage naturel

Tout le monde se connait

Chacun se dit bonjour

Oh mon village Koumogo !

Par tes habitations que je trouve belle

Le travail et la sérénité sont des lotos quotidiens

Par le biais de tes enfants,

L'amour et la tranquillité baignent à jamais

Les associations perdurent

Le sport y est bien présent

Oh mon village Koumogo !

Ce village que j'aime bien

Ce village où les agriculteurs sont en grand nombre

Ce village où la joie règne

Ce village où le coton est cultivé

Ce village où ces enfants cultivent la paix

Je te magnifie à travers ma plume amoureuse et nostalgique !

18- Les barbaries

(Non aux conflits éleveurs-agriculteurs)

Kabbia, kolong, barakala, tchiré, béboto

Danmadji, sandana, sébé !

Des ennemis barbares

Sont sur vos territoires,

Ils vous arrachent le sourire de vos lèvres et le remplace par des pleurs

Avec des mentalités agressives,

Ils vous déclarent la guerre qui se solde par

Plusieurs morts

Plusieurs blessés

Plusieurs cases incendiées

Plusieurs richesses détruites

Vos terres ont bu le sang de vos enfants

Kabbia, kolong, barakala, tchiré, béboto

Danmadji, sandana, sébé !

Vos champs sont détruits par des troupeaux des éleveurs

Vous êtes bastonnés par des groupes d'éleveurs

Vous êtes tuez par ces éleveurs dans vos champs

De jour au jour, ces évènements sont répétitifs et vous affrontent

A ces barbares sortis de nulle part

Face au silence d'un Gouvernement irresponsable

Kabbia, kolong, barakala, tchiré, béboto

Danmadji sandana, sébé !

Essuyez les larmes amères

De vos visages

Vos visages attristés resplendiront demain

Sur vos terres brulées, naitront des

Enfants braves

Dans vos cœurs meurtris naitront

Le bonheur et la paix !

19- La paix

Tchadiens, tchadiennes

Du Nord au Sud

De l'Est à l'Ouest

Cultivons la paix

Unissons nos élans

Tendons-nous la main

Chantons ensemble le chant de nos aïeux

Qui rappelle l'unité

Qui rappelle que la paix est la base de tout

Tchadiens, Tchadiennes,

La paix épanouit

La paix est le rayonnement sur la face et dans le cœur

Avec la paix, on ne voit pas la guerre

Tchadiens, tchadiennes !

Ecoutez ma voix afin que

Tous entendent et comprennent

Que nous avons besoin de la paix

La paix dans nos cœurs,

La paix dans nos pains,

La paix dans notre pays,

La paix pour tous

Vive la paix, vive l'unité !

20- Libérez mon peuple

Mon peuple soufre

Mon peuple se plaint

Mon peuple périt

Mon peuple est un peuple blessé

Oh libérez mon peuple !

Mon peuple croupit

Dans le bain de la souffrance afflictive

Mon peuple croupit

Dans les prisons secrètes

Mon peuple vit une dictature

Déguisée en démocratie

Mon Peuple subit des violences policières

De jour au jour

Mon peuple est amoindri

Par la politique atrophiée d'un dictateur

Mon peuple patauge

Dans un désespoir

Oh libérez mon peuple !

Oui, vous les démons !

Libérez la presse pour mon peuple

Mon peuple est un peuple opprimé

Mon peuple est un peuple éprouvé

Qui cherche à s’émanciper

Libérez-le !

Oui, libérez mon peuple !

Printed by Books on Demand GmbH, Norderstedt / Germany